L'ANCIEN COLLÈGE

DE LA

Ville de Bernay

PAR E. VEUCLIN

BERNAY

IMPRIMÉ PAR V. E. VEUCLIN

EN L'AN 1886

A MONSIEUR

EDGAR ZEVORT

RECTEUR DE L'ACADÉMIE DE CAEN,
CHEVALIER DE LA LÉGION D'HONNEUR

Enfant du peuple, élève de l'enseignement primaire d'il y a trente ans, je suis heureux, Monsieur le Recteur, en vous dédiant ce modeste ouvrage, de présenter, au nom de mes enfants, un respectueux tribut de gratitude à l'homme éminent qui, par ses remarquables travaux, sa généreuse initiative et son zèle constant, mérite une place d'honneur parmi les plus vaillants champions de l'Instruction publique.

Votre haut patronage, Monsieur le Récteur, sera pour moi un puissant encouragement à poursuivre l'étude scolaire à laquelle je me livre avec plaisir, et qui me permet d'apprécier l'étendue des lacunes pédagogiques que vous avez, Monsieur le Recteur, si grandement contribué à combler et dont j'ai souffert dans ma jeunesse.

E. VEUCLIN.

L'ANCIEN
COLLÈGE DE BERNAY

INTRODUCTION

La ville de Bernay possédait-elle, avant la fin du xviie siècle, un établissement public d'instruction secondaire ? — Nous ne le croyons pas.

En effet, bien que le Journal des visites pastorales d'Eude Rigaud, archevêque de Rouen, constate qu'en l'an 1257 les Religieux Bénédictins faisaient l'aumône le jeudi aux pauvres écoliers (*die jovis pauperibus scolaribus*), rien n'indique que l'importante Abbaye de Bernay ait alors, comme sa voisine du Bec-Hellouin, une Ecole de premier ordre.

D'autre part, les faits suivants appuient notre affirmation :

La fondation d'un Collège à Lisieux, en 1571, par l'évêque de ce diocèse (1), fit sentir aux habitants de Bernay la nécessité d'avoir un semblable établissement. Après des démarches réitérées, ils obtinrent du roi Henri III, le 23 juin 1586, des Lettres-patentes leur permettant la levée et l'imposition, pour le temps de six ans, de certains droits sur les denrées et mar-

---

(1) Il ne faut pas confondre ce Collège avec celui du même nom fondé à Paris, en 1336, par Guy de Harcourt, évêque de Lisieux.

chandises destinées à être consommées
et vendues dans leur ville, pour donner
aux dits habitants, « qni n'avoient aucuns
deniers communs (1) », les moyens d'ac-
quitter les sommes par eux empruntées
et employées pour la clôture et fortifica-
tion de leur ville..., « même pour bâtir
« un Collège en ladite Ville, et autres
« lieux nécessaires pour tenir Ecoles, lo-
« ger et entretenir un Précepteur et ins-
« truction de la jeunesse... (2). »

Les guerres de religion qui, en 1589
et en 1590, furent particulièrement fata-
les à la vieille cité catholique, ne permi-
rent point de bâtir le Collège projeté, En
effet, en 1601, un octroi fut continué aux
échevins de Bernay « par égard à ce qu'ils
« employoient la plus grande partie des
« deniers qui en provenoient à faire ins-
« truire la jeunesse, les faisant délivrer à
« *un précepteur*, qui estoit la chose la plus
« nécessaire après l'entretien de leurs
« ponts et chaussées (3). «

Il est évident que cet unique précepteur ne s'occupait point de l'enseignement secondaire; c'était, pensons-nous,
un des premiers maîtres, sinon le premier
des Petites Ecoles communales dont on

---

(1) Les Octrois étaient les seules ressources
communales; les Coutumes appartenaient à
l'Abbaye.

(2) Copies du 18ᵉ siècle. — (*Arch. de Bernay.*)

(3) *Arch. de la Seine-Inf*ʳᵉ Ch. des Comptes.
— De Beaurepaire: *Recherches*; t. II, p. 10.

trouve une mention régulière à partir de 1694 (1).

Les ravages des épidémies de 1624, 1636, 1650 (2), enlevèrent aux Bernayens tout espoir d'avoir de longtemps un Collège. Ce ne fut qu'en 1680 que leur cité fut dotée, grâce à un don particulier, d'un établissement dont un certain nombre de villes moins importantes étaient pourvues bien avant la nôtre (3).

---

(1) Dans la première partie du Mémoire : *Les Petites Ecoles et la Révolution*, que nous avons soumis au Congrès des Sociétés savantes, à la Sorbonne, en 1885, nous avons rapporté sur les anciennes Petites Ecoles de Bernay des détails inédits que nous publierons sous peu.

(2) La peste de 1650 fait l'objet d'une notice que nous avons publiée en 1876 : *Saint Vincent de Paul à Bernay*.

(3) Date de fondation de quelques Collèges : 1338, Louviers ; 15e s. Gisors ; Rouen ; 1538, Evreux; 1556, Pontoise ; 1576, Caudebec ; 1579, Le Havre ; 1581, Eu ; 1595, Aumale ; 1590, Verneuil ; 16e s. : Dieppe ; 1600, Gournay ; 1602, Offranville : 1606, Vernon ; 1649, Trun ; 1684, Les Andelys.

En 1789, Breteuil et Conches possédaient chacun un Collège dont la date de fondation était ignorée.

I

Fondation du Collège.

Dans la seconde moitié du 17ᵉ siècle vivait, à Bernay, une famille bourgeoise nommée Asse, enrichie dans le négoce et qui avait fourni au clergé et au barreau des hommes distingués (1).

Né vers 1610, Pierre Asse (2), un des derniers membres de cette honorable famille, était, en 1672, curé de la paroisse de Beuze-Mouchel-en-Caux (3).

Docteur en Sorbonne, l'abbé Asse avait donc été obligé d'aller chercher ailleurs que dans sa ville natale les premiers éléments de l'instruction supérieure qu'il avait si brillamment acqusie ; aussi, devenu héritier de son frère cadet (3), ce prêtre, dont la générosité s'était déjà haute-

-----

(1) En 1612, Mᵉ Jehan Asse, prêtre, était curé de Courselles. — En 1681, Mᵉ Louis Asse était avocat à Lisieux ; il avait épousé Marie Racine.

(2) Pierre Asse était, penson-nous, fils de Michel et de Marye, lesquels, le 2 janvier 1612, à Ste-Croix, firent baptiser un fils qui fut nommé Jehan par le curé précité, sans doute oncle de l'enfant.

(3) Cette paroisse, située près de Bolbec, renfermait près de 600 âmes. Ses registres paroissiaux sont à peu près muets sur le curé Asse.

(3) Jean Asse, décédé marchand bourgeois de Paris.

ment manifestée (1), resolut-il de réaliser le plus cher vœu de ses concitoyens en les dotant d'un Collège, dont il avait pu lui-même apprécier la nécessité.

Asse ayant proposé de fournir les fonds nécessaires à la création de ce Collège, le corps de ville s'assembla, à cet effet, le 20 novembre 1679 (2).

Le projet du bon prêtre ne reçut point de solution immédiate, car, six mois plus tard, le dimanche 12 mai 1680, après les avertisssements ordinaires donnés au prône des deux paroisses, les habitants s'assemblèrent à l'issue de la messe, paroissiale de Ste-Croix, devant le curé,
« pour délibérer sur la donation de douze
« mille livres que Monsieur Asse, docteur
« en théologie de la Faculté de Paris, curé
« de Beuze-Mouchel-en-Caux, originaire
« et régénéré en cette paroisse, prétend
« faire, pour employer à l'établissement
« d'un Collège sur cette paroisse. »

Assemblés en état de commun, les dits habitants, après avoir mûrement délibéré sur la proposition du dit sieur Asse,
« ont trouvé que la dite donation est

---

(1) Le samedi 11 septembre 1677, Pierre Asse, au nom de son frère Jean, marchand à Paris, et de son frère cadet, décédé, fit don de 6,000 livres à l'hôpital des pauvres de Bernay.

(2) Les registres communaux antérieurs à 1692 n'existant plus, le résultat de la délibération de 1679 est inconnu ; il paraît cependant avoir été favorable à la proposition de Asse.

« grandement utile et avantageuse pour
« cette ville, et donnent pouvoir auxdits
« sieurs curé et thrésoriers de l'accepter. »

Deux jours après était rédigé l'acte de donation et de constitution : en voici le texte :

Du mardy après midy quatorze jour de may l'an mil six cens quatre vingt, devant Galloys notaire royal audit Bernay, vicomté d'Orbec, et Poullain adjoint, fut présent vénérable et discrepte personne Maître Pierre Asse, prestre curé de l'Église et paroisse du Beuzemouchel en Caux, docteur en Théologie en la Faculté de Paris, demeurant en son lieu presbitéral du dit lieu, lequel a par ces présentes volontairement et librement donné la somme de Douze mille livres argent comptant en louïs d'or d'argent et autres monnoyes de present ayant cours et bonne mise, aux paroissiens de Sainte-Croix et habitans dudit Bernay, presents lesdits paroissiens et habitans par vénérable et discrepte personne Maître Leonard Foucques prestre curé de l'église et paroisse de Sainte-Croix dudit Bernay, Maître Claude Gouin, conseiller et procureur du Roy en cette vicomté, honeste homme Jean Giot, Jean Houssaye et Pierre Aubery trésoriers présentement en charge de la ditte paroisse de Sainte-Croix et y demeurant, acceptant pour lesdits paroissiens et habitants leurs successeurs en la même charge, suivant le certifficat et pouvoir à eüx donnés issuë et sortie de la grande messe paroissiale de la ditte paroisse de Sainte-Croix, du douziesme jour du présent mois et an, duëment attaché au registre de ces présentes, et lequel sera transcrit en la grosse du présent qui sera délivrée, pour la ditte somme emploïée à l'établissement d'un Collège sur la ditte paroisse de Sainte-Croix du dit Bernay, pour l'instruction de la jeunesse de cette ville et des autres paroisses voisines aux sciences humaines, et pour les elever en la ver-

tu et crainte de Dieu, le tout sous le bon plaisir
et authorité de Monseigneur l'illustrissime et
reverendissime Evêque et comte de Lisieux,
auquel Collège il y aura trois classes, sçavoir :
la Rethorique, la troisième et la cinquième, et
trois regents qui anront pour leurs gages ordinaires et annuels, sçavoir, celuy de Rethorique
la somme de cent cinquante livres, celuy de
troisième la somme de six vingt livres, et celuy
de cinquième, cent livres, lesquelles sommes
leurs seront payées par moitié de six mois en
six mois par lesdits sieurs trésoriers, le premier payement commençant six mois après leur
établissement expirés de leur régence, et ainsy
continuer à pareil termé et à toujours, lesquels
regents seront à nomination dudit sieur Asse
pendant sa vie, et après son deceds au choix et
nomination du sieur curé de la ditte paroisse
de Sainte-Croix de Bernay et thrésoriers d'i-
celle qni seront en exercice, lesquels conjointe-
ment avec grand zèle et désintéressement pren-
dront le soin de chisir les plus habiles et ver-
tueux et mieux conditionnez pour remplir les
chaires, faire les elasses qui seront vacantes
soit par maladie, mort, destitution ou deposi-
tiot qui sera trouvée à propos pour cause rai-
sonnable par les dits sieurs curé et thresoriers,
tous d'une voix pour la destitution ou deposi-
tion seullément, lesquels seront obligez de garder et observer les statuts qui seront arrêtez
et baillez par le dit sieur Asse, pour parvenir
auquel établisement les dits sieur curé et thresoriers feront achat au nom des dits paroissiens
et habitants d'une ou plusieurs maisons, telle
qu'elle sera choisie et par tel prix qu'il sera
trouvé à propos par le dit sieur Asse, dans laquelle il désignera les classes et les logements
des regents, et s'il y a plus de logements, il sera
donné à ferme par les dits sieurs thrésoriers et
l'argent emploïé aux réparations de la ditte maison, lesquelles faites par l'avis du dit sieur curé, le surplus sera emploïé à l'ornement dudit
Collège, les regents préalablement payez tant

sur les dits loiers que sur les rentes qui seront
acquises des deniers du dit sieur Asse, que les
dits sieurs thrésoriers seront tenus de faire payer comme les dits fermages annuellement six
semaines après les termes échus, étant entendu
que le fond de la ditte maison ou maisons, principal des rentes, arrérages et fermages qui en
proviendront ne pourront en aucune façon estre
incorporez aux biens du dit thrésor ni joints à
iceux pour quelque cause et en quelque manière que ce puisse être, mais qu'ils seront en perpétuité employez à l'intention et effet de la présente donation ou à l'augmentation du revenu
du dit Collège s'il s'y trouve de l'excédent, les
dittes charges acquittez, et en cas de rembour-
sement de la ditte maison et raquit des rentes,
les deniers en seront reçus par les dits sieurs
thrésoriers en charge et par eux incessamment
remplacez par l'avis du dit sieur curé en pre-
nant caution des obligez, même par l'avis du
dit sieur Asse, à la charge que Jean Giot son
neveu (1) sera réglé et imposé à la taille de ce
lieu de Bernay aux années à venir à la somme
de vingt livres à laquelle somme étoit imposé en
l'année mil six cens soixante neuf, avec son
marc la livre de la hausse et rabais de l'envoy
du roy, et après son décedz, Marie le Loutre
femme du dit Giot et nièce du dit sieur Asse,
demeurera réglée au tiers de la ditte somme
pendant sa vie, autrement son intention est que
les dits Giot son neveu et sa ditte nièce reçoi-
vent en vertu de la présente privilégement et
par préférence à tous autres sur tous les dits
fermages et rentes toutes et telles sommes dont
ils pourront être haussez outre la ditte somme
de vingt livres ou tiers d'icelle, lesquels sieurs
curé et thrésoriers cy-dessus nommez au mo-

---

(1) Probablement fils d'une sœur de Pierre
Asse, Jean Giot était « hostellier ». En 1678, il
était dit : « sieur de l'Escu », nom de son auber-
ge. La famille Giot a produit plusieurs prêtres.
(*Note de l'auteur.*)

yen du payement à eux présentement fait par
le dit sieur Asse de la somme de Douze mille
livres en louïs d'or et d'argent et autres monnoyes de présent ayant cours et mise comme
devant est dit, ils se sont tenus à contents bien
payez et satisfaits et ont promis aux noms que
dessus tenir, et exécuter de point en point les
clauses charges conditions et obligations cy-
dessus, renonçant à jamais aller au contraire,
et spécialement faire réduire les dits Giot et sa
veuve aux dittes sommes cy-dessus tant en considération de la présente donation que autres
cy-devant faittes par le dit sieur Asse à l'hôpital
des pauvres de ce lieu de la somme de Six mille livres, et suivant le pouvoir datté cy-dessus
et la déliberation de chambre de ville du dit
Bernay du vingtième novembre dernier, dont
du tout les dittes parties furent contentes et
d'accord, promettant à sçavoir, le dit sieur Asse
la présente donation tenir et entretenir, de la
part des dits sieurs curé et thrésoriers toutes
les dittes clauses cy-dessus exécuter de point
en point sans jamais aller ni venir au contraire en aucune façon ni manière que ce soit ni
puisse être sur l'obligation respective l'un vers
l'autre de tous un chacun leurs biens meubles
et héritages présents et à venir : — En témoin
de quoy nous avons délivré ces présentes aux
dits sieurs curé et thrésoriers ainsy qu'ils l'ont
requis et demandé sauf autruy droit. Ce fut fait
et passé au dit Bernay en la maison du dit Giot
le mardy après midy quatorzième jour de may
mil six cent quatre vingt, présence d'André
Blanchet, praticien, Gabriel Huet et Jacques
Chignon demeurant au dit Bernay, témoins.

Quelques jours après la signature de
cet acte, le 26 mai, Pierre Asse étant présent, le curé et les trésoriers de Ste-Croix
achetèrent de Mathieu Darzac, « une ou
« plusieurs maisons, cour et jardin en un
« tenant..., sçituée en la bourgeoisie de

« Sainte-Croix, rue aux Juifs..., bornée...
« d'autre côté... le four à ban..., d'un bout
« le cours de la rivière descendans du
« moulin de l'étang au moulin de Sainte-
« Croix, et d'autre bout la grande rue des
« Juifs..., la ditte maison destinée pour
« l'establissement d'un Collège... » Cette
vente fut faite moyennant 3,600 livres et
100 livres de vin. Il est dit dans le contrat
que Asse, comme fondateur, pourrait choi-
sir et prendre la grande chambre pour son
logement pendant sa vie.

II

Débuts du Collège.

L'abbé Asse fit immédiatement fonction-
ner son Collège et, parmi les huit prêtres
habitués de Sainte-Croix, il choisit M^e
Guillaume Lefebvre, pour être régent de
cinquième ; Me Thulou, régent de troisième ; le régent de réthorique fut d'abord
Me de la Rivière, auquel succédèrent, en
la même année, Me Hérout et Me François
Le Roy.

L'année suivante, 1681, Asse rédigea les
« Statuts et Règlemens concernant l'or-
dre qu'il faut garder dans le Collège de
Bernay (1). »

Fort âgé, Asse apparaît pour la derniè-

---

(1) Nous n'avons pu retrouver ces Statuts qui
indiquaient les devoirs des Ecoliers, leurs en-
trées et sorties, ainsi que les services à payer
par les dits Ecoliers. — (*Inventaire des titres.*)

re fois en la dite année (1), mais il avait solidement édifié son œuvre, dont nous allons rapporter à grands traits les faits saillants qui marquèrent son existence, sous l'administration des curés successifs de Sainte-Croix.

III

De 1682 à 1708.

Léonard Foucques (1680-1691). — En 1682, Thulou et Le Roy (2) ne figurent plus dans les comptes des dépenses du trésor affectées au Collège.

Sous Jean Foucques (1691-1693), neveu du précédent, nous n'avons rien à mentionner.

André Goulafre (1693-1703). — 1694.

---

(1) Le 3 octobre 1681, à Bernay, Asse vend à Dlle Louise Lonlay, épouse civilement séparée de Alexandre Le Prévost, escr, sieur de la Vastinne, demeurante en la ville de Séez, paroisse St-Gervais, moyennant la somme de 6,750 liv., son fief, terre et seigneurie de la Vallée, s'étendant sur les paroisses de la Chapelle-Gautier, St-Aubin-de-Thenney, St-Vincent-de-la-Rivière, — (*Tabellionnage de Bernay, vic. d'Orbec.*)

Il y peut-être matière à rapprochement entre la foudation de Asse et celle faite, en 1683, par des bernayens : Me Jean Jouen et ses deux sœurs, de la *Providence*, à Lisieux, communauté qui fut une des plus riches pépinières scolaires de la Normandie.

(2) Roi des Frères S. Michel, de la Couture, en 1689, l'abbé Le Roy fut nommé, en 1705, curé de cette paroisse où il mourut le 28 juin 1725, âgé de 75 ans.

Nomination de M⁰ Charles Jacques, régent de troisième et quatrième. — 1698. Il est payé la somme de 3,240 livres, pour droit d'Amortissement du fond du Collège. 1700, le 4 mai, il est payé la somme de 30 liv. 10 sols, pour la taxe à laquelle le Collège a été taxé pour les Armoiries. — Ces armoiries portent: *d'azur à un nom de Jésus d'or*. — Nomination de M⁰ Robert Bonhomme, sous-diacre, régent de cinquième et sixième. — 1703, 3 mai. Assemblée paroissiale relative à une taxe de 200 livres et les 2 sols pour livres, pour l'acquisition faite des Dames religiéuses hospitalières de plusieurs maisons, lesquelles font présentement partie du Collège. Ces maisons ayant été échangées avec les dites dames contre quelques pièces de terre, les habitants présentent à l'Intendant une requête afin d'être dechargés de la dite taxe, ce qu'ils ne peuvent obtenir, attendu que les dites maisons proviennent de mainmorte.

Adrien Mullot (1703-1708). — Sous l'administration de ce curé, aucun fait n'est à signaler.

IV

François Lochet du Carpont
(1708-1720)

1713. — Jean Lefebvre cesse ses fonctions de régent de 3⁰ et de 4⁰, qu'il remplissait depuis l'année 1700.

1714. — André Aubry, vicaire en 1695, est nommé régent de 5⁰ et de 6⁰.

1717. — Robert Bonhomme, régent de troisième et de quatrième, est en procès en la Cour de Parlement contre le ci-devant trésorier de Ste-Croix, pour obtenir paiement de 100 livres restant des honoraires qui lui sont dus pour le temps de l'administration du dit trésorier. — 5 avril, arrêt confirmant la sentence du bailliage qui condamne le trésorier à payer la dite somme. — 25 avril. Délibération paroissiale relative à ce paiement, vu le peu de ressources du trésor (1).

1718, 25 sept. — Jean Le Prévost, clerc-sacristain, est nommé régent de réthorique et de seconde, au lieu et place de Charles Jacques qui s'en est demis à cause de ses infirmités (2). Le 18 déc., à cause de l'incomptabilité de ses deux fonctions Le Prévost opte pour celle de régent. — En la même année, d'importantes réparations sont faites au Collège et dépendances (3).

---

(1) « Le casuel consiste au produit des questes qui montent à présent à peu de chose à cause des malheurs des temps, que des terrages, tombes et autres droits, ne sont pas suffisants pour entretenir l'Eglise de cire, chandelle, huile, pain à chanter, encens, vin et autres dépenses du dedans de l'Eglise... » — (*Délibér. citée.*)

(2) 1719, 18 sept. — Décès de M⁰ Charles Jacques, prêtre et professeur.

(3) Aux pages 24 et 25 du Terrier de 1718, on lit : « Les Maisons et Jardins et Collège de Bernay estimés 100 l., dont partie est occupée par 2 locataires, l'un taxé a 14 l., l'autre à 18... »

V

Guillaume-Antoine Langeois
(1721-1722)

1722, 1er février. — Les trésoriers ayant aux mains des deniers provenant du restant des comptes, casuels et fondations non acquittées, sont autorisés par les paroissiens à payer aux régents du Collège ce qui leur reste dû de l'année dernière et la première moitié de la présente année.

1722. — Le Prévost cesse ses fonctions de régent de réthorique ; il est remplacé par Jacques Schier, clerc-sacristain qui, en 1724, nommé vicaire de Pressagny-l'Orgueilleux, quitte le Collège (1).

VI

Pierre Gouet
(1722-1723)

Jean Le Prévost
Ci-devant Régent de Rhétorique.
(1723-1729)

1723, 5 sept. — Assemblée paroissiale relative aux rétributions ordinaires des régents, qui ne sont plus exactement payées, vu le fâcheux état où la fabrique est réduite ; le trésorier est autorisé à payer les rétributions actuellement dues.

---

(1) A partir de cette époque, les nominations de régents sont consignées sur les registres paroissiaux.

1724, 26 sept. — Jacques Jouen, de Bournainville, prêtre de St-Germain de Lisieux, est nommé pour remplir la chaire vacante de Réthorique. « Et d'autant que « tous les fonds dudit Collège qui étoient « en rentes hypotèqués ont été rembour- « sez en billets de la Banque royale et en « argent qui n'a pu être jusqu'icy de nou- « veau constitué et qui a souffert depuis « lesdits remboursemens des diminutions « considérables, au moyen de quoy la fa- « brique n'est pas aujourd'huy en état de « payer comme par le passé les honorai- « res et rétributions ordinaires des sieurs « Régents dudit Collège », les trésoriers autorisent provisoirement ces derniers à se faire payer de leurs honoraires par les mains de leurs écoliers, savoir : le régent dé réthorique, de la somme de 10 livres : le régent de troisième, de celle de 8 li- vres ; le régent de cinquième, de celle de 6 livres, « le tout par chacun an et par « chacun Ecolier... En ce non compris la « somme de dix sols pour la chandelle « laquelle sera en outre payée à chacun « desdtis sieurs Régents par chacun des « dits Ecoliers, exceptez seulement les « pauvres Ecoliers de la Ville lesquels en « rapportant certificat de pauvreté signé « de leur curé seront admis et enseignez « gratis ainsi qu'il est accoutumé. »

1725. — André Aubry se démet de ses fonctions de régent de 5ᵉ et de 6ᵉ, que ses infirmités continuelles ne lui permettent plus de faire (1); il est remplacé par Jean Deshays, sous-diacre.

1726, 17 mai.- Ordonnance de l'évêque de Lisieux portant réduction des fondations du trésor. Celle du Collège sera conservée en la manière présente par le contrat de fondation..., mais comme il ne reste plus que la somme de 152 livres de rente au bénéfice du dit Collège, il sera seulement payé à l'avenir, savoir : au régent de réthorique, 76 livres ; au régent de 3e et 4e, la somme de 46 l. ; et à celui de 5e et 6e, 30 livres ; les dits régents se feront payer dn surplus par les mains de leurs écoliers, de manière à atteindre la somme portée en l'acte de fondation pour chacun des régents.

1727, 30 mai. — Nomination de Charles Selle, diacre, régent de 5e, en remplacement de Jean Deshays nommé, le même jour, à la chaire de réthorique. Il est accordé à ce dernier la grande salle servant autrefois à l'usage de la classe de Philosophie

La musique était aussi enseignée, pensons-nous, au Collège ; en effet, dans l'accord conclu, le même jour, entre les trésoriers et le sieur Gilbert, « organiste de la paroisse depuis plus de vingt ans », il est spécifié que le dit organiste sera tenu d'apprendre le plain-chant et le faux-bourdon à quatre enfants (2) ; or, il est

---

(1) André Aubry était vicaire dès 1695.
(2) Registres paroissiaux de Sainte-Croix.

évident que ceux-ci étaient choisis parmi les élèves du Collège qui montraient les meilleures dispositions musicales.

1728, 26 février. — Décès de Me Robert Bonhomme, professeur, âgé de 51 ans ; il est inhumé le lendemain, dans le chœur de l'église, proche les stalles du côté de l'Evangile.

VII

Jacques-Samson Baivel.
(1729-1757)

1729, 11 octobre. — L'évêque de Lisieux envoie, comme régent de rhétorique, Me Jean-Baptiste Vornier (1), lequel est nommé par les fabriciens de Ste-Croix le 31 janvier 1730. Une note du temps (2) dit que « les autres prêtres envoyés de la part de l'évêque étaient partis mal satisfaits de Ste-Croix. »

Avant Vornier, Jacques Desnillars, diacre, était régent de réthorique.

1730, 31 janvier. — Par suite de la désertion du sieur Hervieu, diacre, Adrien Hubert, acolyte, est nommé régent de troisième, ainsi qu'il l'a fait depuis le 1er du dit mois de janvier. Les trésoriers réfusent de signer l'acte de nomination. Le curé déclare persister à cette nomination

----

(1) Ce prêtre était originaire de St-Grégoire-du-Vièvre.

(2) Journal de l'abbé Gautir, prêtre habitué de Ste-Croix.

jusqu'à ce que l'évêque en ait autrement
ordonné. -- Lutte entre les habitants et le
fameux curé Baivel (1). Le 19 mars, assemblée communale, en la chambre de
ville. Le procureur-syndic remontre que :
« les sieurs curés, aux mains desquels les
« statuts du Collège, dont on ne voit rien
« aujourd'huy, ont apparemment passé,
« s'estant rendus dans la suitte maistres
« des bastiments et jardins et attribuez
« pareillement la nomination des dits ré-
« gents..., en y ayant placé tantost leurs
« vicaires, tantost quelqu'un des prestres
« habittuez en la ditte paroisse, qui estant
« souvent distraits de cet exercice pour le
« service de l'Eglise et de la paroisse, n'y
« ont pas employé le quart de temps né-
« cessaire pour l'instruction de leurs Eco-
« liers. Le Collège est tombé de manière
« que ceux des habitants de la ville [et
« paroisses voisines qui onts eu moyen
« d'envoyer leurs enfants à d'autrres Col-
« lège, se sont trouvez obligez d'en faire
« la dépense, Et la plupart des autres jeu-
« nes Ecoliers qui avoient du talent et
« beaucoup de dispositions et n'ont pas eu
« moyen de sortir de la ville ont [esté
« obligez d'abandonner leurs études ; On
« a le bonheur qu'il se trouve cette année

------

(1) Ancien vicaire de Ste-Croix, le curé Baivel se rendit célèbre par ses entreprises de toutes sortes ; la première est d'avoir, le 1er octobre
1729, à l'occasion de la naissance du Dauphin,
voulu allumer le premier Feu de joie, ce à quoi
le maire de la ville s'opposa formellement.

« deux Régents très zellez et gens d'hon-
« neur qui ont fait tous leurs efforts pour
« remettre les choses sur l'antien pied et
« avoient bien intention de continuer à y
« travailler, mais ils sont sur le point d'a-
« bandonner po^r les entreprises continuel-
« les du s^r curé qui s'est emparé d'une
« partie du jardin, a fait enlever une pier-
« re à uzage de dalle qui est de la mai-
« son ayant toujours esté depuis l'establis-
« sement du Collège, dans le jardin en a
« fait detruire une partie des Buis, enlevé
« plusieurs jeunes Ifs destinez pour ser-
« vir à l'orner et embellir. Il en a fait ar-
« racher et enlever plusieurs belles vi-
« gnes, a fait convertir l'apartement qui a
« cy-devant servy pour la classe de rétho-
« rique à usage d'écurie. Il en a fait dé-
« bitter les bancs pour en faire une man-
« geoire et faire un lit pour un valet qui
« a soin de deux chevaux qu'il y entre-
« tient pour son plaisir, en répand dans la
« cour les fumiers... » Les habitants s'é-
tant plaints aux trésoriers, le curé Baivel
a répondu fièrement à ceux-ci : « qu'il n'a
« rien fait qu'il ne feust bien en droit de
« faire et ne s'embarassoit nullement de
« touttes ces plaintes.. » Les régents ayant
de leur côté rédigé un libelle contenant
plus au long les entreprises du dit sieur
curé, les habitants chargent et autorisent
les trésoriers d'avertir le sieur Baivel de
faire remettre, dans la huitaine, les choses
au premier état...

Le 7 mai. — Seconde assemblée communale relative aux entreprises du curé Baivel qui, à la délibération précitée, fait la réponse audacieuse qu'il n'entendait rien relâcher de ce qu'il a entrepris qu'il n'y fût condamné par arrêt. Afin d'arrêter la continuation de ce désordre, les habitants autorisent le procureur-syndic de présenter requête aux juges du bailliage et de faire toutes poursuites et diligences nécessaires pour faire vider incessamment l'occupation du Collège...

Une action judiciaire est intentée contre le curé Baivel. — Le 15 septembre, l'archidiacre, en faisant sa visite, ordonne que les comptes du Collège seront faits séparément de ceux du trésor.

1731, 20 mai. — Sentence du bailliage relative au Collège. — Dimanche 26 novembre. Troisième assemblée communale à propos des entreprises du. curé Baivel. Une instance est pendante au bailliage entre les habitants, les trésoriers de Ste-Croix et le dit curé ; ce dernier a fourni un long écrit, signifié le 3 de ce mois, dans lequel le dit curé a soutenu l'effet de plusieurs conclusions et demandes incidentes. pour entreprendre plusieurs droits sur le Collège en qualité de *principal* ou *modérateur* du Collège dont il dit être le principal-né. Les habitants approuvent la conduite du procureur-syndic et l'autorisent de persister à contester au curé Baivel la qualité de principal ou modérateur qu'il s'attribue contrairement à l'acte de fondation ; l'évêque sera prié de donner son attention sur les faits particuliers et moyens efficaces qui portent les habitants à contester et s'opposer aux entreprises du dit curé sur les droits du Collège (1).

1737, 19 avril. — Inhumation, au cimetière de Ste-Croix, de Louis Hervieu, écolier de seconde, originaire de la paroisse de Rubremout, âgé de 19 ans, décédé chez le sieur Duval, boulanger en la cour des Pénitents, où il était en pension, rue et faubourg la Porte de Rouen.

1738. — Louis Hommare est régent de cinquième et de sixième. — Guillaume de la Noe, régent.

1739, 9 août. — Jean-Jacques Gontier est nommé régent de réthorique, au lieu et place de Vornier, nommé vicaire de Courbépine (2).

Les faits suivants laissent croire que le curé de Sainte-Croix eut gain de cause dans le procès de 1731, lequel dut porter un grave préjudice à la prospérité de l'œuvre si sagement établie et réglée par Pierre Asse :

1741, 20 mars. — Nomination de Louis Hommare à la chaire de troisième et qua-

---

(1) Ces délibérations sont extraites du registre municipal ; elles portent : la première, une trentaine de signatures ; la seconde, une douzaine ; la troisième, une vingtaine.

(2) Vornier, en 1747, est vicaire de la Couture et y établit une Confrérie de Ste Geneviève.

trième, en remplacement de Charles Selle, qui s'en est démis pour prendre la place de chapelain de l'hôpital général. —
Thomas Bacheley, diacre, est nommé régent de cinquième et de sixième. — A
partir de cette date, les régents feront les
réparations locatives de leurs logements.
— 1ᵉʳ octobre. Vu l'abandonnement fait
par Hommare, régent de troisième et de
quatrième, Robert Rousselin (1) est nommé pour le remplacer. Le curé Baivel, qui
prend le titre de « principal du Collège »,
spécifie que Rousselin « sera tenu de por-
« ter le surplis et desservir en cette pa-
« roisse comme les autres sieurs prêtres
« habitués. »

1742, 19 mars. — Décès de J.-J, Gontier, régent de réthorique, âgé de 27 ans ;
il est remplacé immédiatement par Jean-
Baptiste Picquenot. Le curé déclare être
bien convaincu de la capacité et des bon-
nes mœurs du dit prêtre (2).

1743, 10 août. — Le curé Baivel s'en-
gage par écrit à remettre au trésor le
contrat de fondation du Collège (3).

------

(1) Rousselin était un prêtre de la Couture.

(2) Dix ans auparavant, le même curé avait
publiquement accusé le dit Picquenot de négli-
ger son devoir de prêtre habitué, et de causer
du scandale par sa conduite irrégulière, ses
emportements et sa fréquentation dans une cer-
taine maison ; il est exclu de la Confrérie de S.
Nicolas. (*Feuille de prône du 5 oct. 1732.* — Col.
de l'auteur).

(3) Inventaire des titres du trésor, en 1757.

1744, 20 oct. — A cause de la désertion de Bacheley, Charles-François Lamare, sous-diacre, est nommé régent de cinquième et sixième ; « il s'oblige, indépen-« damment de tous jugements qui pour-« roient avoir été rendus à ce sujet, d'as-« sister en surplis à l'office paroissial les « jours de fêtes et dimanches, de veiller « quand il ne sera point en classe, et d'y « faire toutes et telles fonctions qui lui « seront prescrites par le dit sieur curé, « suivant les arrêts et règlemens rendus « à ce sujet, de dire la messe quand il se-« ra prêtre, et desservir telle Confrairie « que le dit sieur curé lui indiquera et « non autrement, comme aussi de ne don-« ner aucun congé extraordinaire, sous « quelque prétexte que ce soit, sans le « consentement du dit sieur curé, sans « lesquelles conditions la présente nomi-« nation n'auroit point été faite. »

Les exigences du curé Baivel portent à son comble la décadence du Collège et semblent avoir semé l'indiscipline parmi les professeurs :

1745. — Procès entre deux régents : C.-F. Lamare et J.-B. Picquenot. Ce dernier s'était emparé de la salle appppartenant à la classe de Lamare, dont il conteste la nomination. — 1er mai. Sentence du bailliage de Bernay pour Evreux, en faveur de Picquenot. Appel du plaignant. Intervention au procès du curé et des habitants. On signale les intrigues et les

manœuvrés de Picquenot, « pour tâ-
« cher d'écarter toute sentinelle sur sa
« conduite et se rendre luy-même le mais-
« tre du Collége, qui est pour ainsy dire
« négligé et abandonné, par toutes les
« chicanes pratiquées par le dit Picque-
« not. (1) » — 1746, 11 févr. Arrêt du Parlement de Rouen qui casse la sentence
précitée et condamne Picquenot en 50 livres d'amende envers Lamare et lui fait
défense de le troubler à l'avenir. — Dans
cet arrêt, le curé Baivel est qualifié de
« Modérateur et Principal » du Collége.
— Cette déplorable affaire coûte au trésor
de Ste-Croix la somme de 63 l. 12 s. 9 d.

1744. — Charles-François Behue succède à Lamare, dans la chaire de cinquième et de sixième.

1745, 21 février. — Jacques Le Roy,
diacre, originre de St-Aubin-le-Vertueux,
est nommé régent de réthorique et de seconde, par suite de l'abandon qu'en a fait
Picquenot.

1747, 29 janvier. — Charles-Jean Rousselin, acolyte, est provisoirement chargé
de la chaire de réthorique, par l'abandon
qu'en a fait J. Le Roy immédiatement
après son installation.

1752, 4 juin. — Assemblée paroissiale

---

(1) On doit peut-être à ces querelles la fondation faite, en la dite année, dans la paroisse
de la Couture, d'une *Ecole charitable*, pour les
jeunes garçons dont les parents n'auraient pas
le moyen de les entretenir aux Ecoles publiques.

à propos des nombreuses et très urgentes réparations à faire au Collège. Vu qu'il n'y a point de deniers au trésor pour faire ces travaux, les paroissiens sont d'avis qu'il doit être incessamment, aux termes de l'édit du mois d'août 1749, reconstitué jusqu'à concurrence de la somme de deux mille livres sur le Clergé, et que du surplus il en sera employé ce qu'il conviendra aux réparations du Collège.

1753, 26 décembre. — Nomination de C. Behue, régent de troisième, pour faire les fonctions de régent de réthorique, par l'abandon qu'en a fait J.-C. Rousselin. — Alexis Hervieu, sous-diacre, est, le même jour, nommé régent de troisième et de quatrième ; il quitte l'année suivante.

1756, 11 décembre. — Destitution de C.-F. Lamare, régent de cinquième et de sixième ; il est remplacé par Pierre Touquet, prêtre de la paroisse.

VIII

Louis-Jacques Berrier.

(1757-1768)

Les qualités du curé Berrier (1) et la valeur des professeurs choisis par lui, laissent croire que son administration fut

---

(1) Le curé Berrier décéda en 1768, âgé de 52 ans ; son acte d'inhumation, du 13 avril, fait ainsi son éloge : « Aimé des pauvres, respecté « des grands et généralement regretté de tout « le monde par son zèle et son assiduité dans « son ministère... »

favorable à la prospérité déchue du Collège.

Dans un Mémoire rédigé en 1765 (1), on
lit, en effet, ces lignes bien concluantes :
« Il y a dans la ville un Collège où l'on
« enseigne les humanités, et qui est d'un
« grand secours pour la ville et le pays
« voisin. »

1766. — Régents : Touquet, de réthorique . — Lefêvre, Jean-Baptiste, de 3ᵉ
et de 4ᵉ (2) ; — Lamy, Thomas, de cinquième et sixième.

Le 23 juillet de la dite année, les Eco-

---

(1) *Mémoire historique sur la Ville de Bernay,*
par Foucques d'Asnière. — Nous avons publié
cet intéressant Mémoire local dont nous devons
la copie à l'extrème obligeance de M. Gravelle-
Desulis, alors Archiviste de l'Orne.

(2) Nous ne sommes pas certain si ce prêtre
est le même que Jean-Jacques Lefebvre, premier curé de Ste-Croix après le Concordat, décédé à Bernay, le 1ᵉʳ février 1813, âgé de 73 ans.
A ce dernier, qualifié de : professeur d'éloquèn-
ce au Collège, le poëte Mutel, son intime ami (*)
composa l'épitaphe suivante, que nous avons
déjà rapportée dans nos Notes biographiques sur
les Curés de Ste-Croix :

> *Dans ce temple embelli par son intelligence,*
> *Ce Pasteur vénérable inspira la décence,*
> *Du Ciel, au tribunal, implora la clémence,*
> *A la chaire enchaîna par sa douce éloquence,*
> *De ses rares talens orna l'adolescence,*
> *Et toujours se montra père de l'indigence.*

(*) Vers 1806, Mutel avait offert au curé Le-
febre un *Bouquet* qui se trouve à la page 230 du
recueil, imprimé en 1807, des œuvres du poëte
bernayen.

liers du Collège font célébrer un service pour le repos de l'âme du Dauphin, mort l'année précédente, et ils paient au trésor de Ste-Croix la somme de **3** livres, pour la « sonnerie » du dit service.

1768-1769. — Thuret, régent.

1768, janvier. — P. Touquet quitte la chaire de réthorique pour prendre possession de la cure de la Couture (1).

IX

Jacques Jouen.
(1768-1775)

1768, 16 décembre. — Par une supplique adressée à l'Intendant d'Alençon, le vicaire de Ste-Croix remontre que les s^rs Jean-Baptiste Lefêvre et Thomas Lamy,

---

(1) Le registre de la Charité de cette paroisse renferme ces lignes : « L'an 1771, jour de l'Assomption, Mre Pierre Touquet..... a donné les marques les plus éclatantes de sa générosité par le présent d'une bannière fort riche représentant d'un côté une *Descente de Croix* et de l'autre la *Sainte Vierge*, très bien exécutée par Mre Descours. Les franges et galons ne cèdent en rien à la beauté de la peinture et il paraît que le bienfaiteur et l'artiste ont été rivaux de la plus noble émulation. »

Au-dessous, on lit ces vers :

Trop faible monument de l'amour le plus tendre
Que mérite à jamais ce pasteur généreux,   [dre
Par toi nos descendants pourront un jour appren-
Que l'objet ^de ^ses soins fut ^de nous rendre heureux.

En 1775, l'abbé Touquet alla desservir la paroisse de Fontaine-l'Abbé.

professeurs au Collège, l'ont assisté pendant la Station du Carême (1). Ce détail indique la talent oratoire des susdits.

X

Robert-Thomas Lindet.

(1776-1791)

1777. — Régents : Thomas Lamy, dit l'aîné, de réthorique et seconde ; — Charles-Robert Lamy, dit le jeune, de troisième et quatrième ; — Jacques Chouquet, prêtre, de cinquième.

1778. — C.-R. Lamy est régent de réthorique.

1779, 27 septembre. — Chouquet étant décédé (2), Pierre-Charles Sirard, prêtre, est nommé régent de cinquième et sixième, « à la charge d'observer les Statuts « et Règlemens du Collège dont copie lui « sera donnée. »

1781, 7 septembre. — Sirard, nommé à la cure de Courcelles, remet sa place de

---

(1) Les susdits remontrent qu'ayant rempli la Station du Carême dernier, par ordre de l'évêque, et que tout le produit de la Station ayant été versé aux pauvres de la ville, il leur reviendrait encore une somme de 30 livres à prendre sur les octrois. Les suppliants demandent à l'Intendant l'autorisation de toucher cette somme, destinée également pour les pauvres. — (*Arch. de Bernay*, GG. Octroi).

(2) 1779, 25 septembre. — Inhumation, à Ste-Croix, de Jacques-François Chouquet, prêtre et professeur au Collège, décédé chez son père, rue Vierge Marie, âgé de 33 ans.

régent de cinquième et sixième aux curé
et marguilliers de Ste Croix lesquels, deux
jours après, nomment à cette chaire Charles Le Mercier, diacre de la paroisse de la
Couture. — 7 novembre. Thomas Lamy,
« professeur de grammaire pour les clas-
« ses de troisième et quatrième », étant
nommé à la cure de Batigny, déclare qu'il
remet sa dite place de professeur. — Le
même jour, Etienne-Marin Olivier succède
au démissionnaire (1). Au professeur de
grammaire chacun des écoliers doit payer
annuellement 12 livres, excepté les pauvres.

1782, 15 novembre. — Le Mercier étant
décédé (2), est remplacé par Nicolas Le
Front, prêtre, à la chaire du cinquième et
sixième.

1784, 7 septembre. — Démission de Le
Front, dont la santé ne lui permet point,
au grand regret des marguilliers, de continuer l'exercice de ses fonctions (3). Jean-

---

(1) Thomas Lamy, né à Bernay, le 4 janvier
1743, mourut le 19 septembre 1814, à St-Clair-
d'Arcey, paroisse dont il était curé depuis le 2
nivôse an XI.

(2) 1782, 8 novembre. — Inhumation, à Ste-
Croix, de Charles-Yves Le Mercier, prêtre habitué, âgé de 35 ans, décédé au Collège où il
était professeur.

(3) Alors âgé de 55 ans, Le Front fut immédiatement vicaire du savant curé de Plainville,
l'abbé Bossin, lequel tenait, en son presbytère,
une sorte d'Ecole secondaire très renommée.
Curé du Tilleul-Fol-Enfant, en 1785, Le Front
émigra lors de la Révolution et, en l'an III, il

Charles Douis, sous-diacre, est nommé pour remplacer le démissionnaire.

1785. — C.-R. Lamy, professeur au Collège, est en même temps vicaire de Ste-Croix et curé de St-Clair-d'Arcey. Il quitte le Collège (1).

1786-1787. — Jean-Baptiste Vivien (2) est régent de réthorique.

1787. — Olivier ne figure plus comme régent. — Douis, prêtre, est régent de sixième.

Réduit à deux professeurs, le Collège, fréquenté autrefois par plus de 200 élèves (3), ne répond plus aux besoins publics et aux aspirations libérales de l'époque :

1789, 3 mars. — Dans son cahier de doléances, le corps de médecine formule les vœux suivants : « Que l'abbaye des « bénédictins soit érigée en collège de « plein exercice pour les sciences et les « arts utiles ; — Que le collège actuel

---

reprit possession de sa petite paroisse ou il décéda, « laissant dans le pays, dit A. Le Prévost, la mémoire la plus justement vénérée »

(1) Charles-Robert Lamy, frère du précédent, fut élu évêque constitutionnel de l'Eure, en l'an VI. Démissionnaire, il revint à St-Clair-d'Arcey où il mourut, prêtre habitué, le 30 novembre 1814, dans sa 68e année

(2) Né en 1757, Vivien, d'abord vicaire de Ste-Croix, fut élu curé constitutionnel de Beaumesnil, en 1791.

(3) Rapport municipal sur les Ecoles, du 31 décembre 1791. — *Arch. de Bernay.* — Collège.

« soit occupé par des frères des écoles
« chrétiennes pour l'instruction de la jeu-
« nesse et que l'on asssigne à cet établis-
« sement une pension perpétuelle de 100
« livres dont les [12,000 liv.] faisant le
« total beaucoup trop modique de la fon-
« dation dudit collège actuel, feront par-
« tie, et le reste sera pris à perpétuité sur
« les bénéfices simples de la ville et des
« environs (1). »

1791 janvier. — Il n'y a plus que deux
régents : François-Louis-Jacques Letard,
de réthorique ; J.-C. Douis, lesquels, le 30
du dit mois, prêtent en ces termes le serment civique :

**Discours de M° Jean-Charles Douis, pro-
fesseur au Collège de cette ville.**

Intimement persuadé, Messieurs, que l'Assemblée nationale, dans toutes ses opérations
présentes et futures, n'a pas le dessein d'atta-
quer le dogme de la Religion catholique. apos-
tolique et romaine dans laquelle je veux vivre
et mourir, qu'au contraire elle n'a rien tant à
cœur que de remédier aux abus, de procurer
la paix, l'union et la prospérité de la France
depuis si longtemps désirée.

Je jure de veiller avec soin sur les fidelles qui
m'honoreront de leur confiance, d'estre fidelle
à la Nation, à la Loy et au Roy, et de mainte-
nir de tout mon pouvoir la Constitution decré
tée par l'Assemblée nationale et acceptée par
le Roy.

**Discours de M° François-Louis-Jacques
Letard, professeur du Collège de cette ville.**

Messieurs.

Egallement attaché aux principes religieux

---

(4) *La France en 1789. — Cahiers du Tiers-*

dont mes confrères, qui m'ont précédé dans cette chaire, ont fait profession, et persuadé que personne ne doutte de mes sentimens à cet égard, je ne crois pas avoir besoin de les développer. Sincèrement attaché et soumis aux lois sages émanées de l'Assemblée nationale, Je jure, etc (1).

Peu après, Douis et Letard quittent le Collège pour prendre possession d'une cure constitutionnelle (2).

XI

Germain Lebourg.
(1791-1793)

Tardivement frappé par les décrets concernant les établissements religieux, le Collège est, quelques mois plus tard, évacué par ses deux derniers régents : Michel Lehure sous-diacre (3), professeur de réthorique ; Jean-Félix-Désiré Le Mercier, sous-diacre (4) ; leur pernière quittance d'honoraires est datée du 29 juillet 1791 (5).

De ce jour sont éteintes les pieuses intentions du fondateur, l'abbé Pierre Asse.

Etat de la Ville de Bernay, publiés par E. Veuclin.

(1) Registre de la municicipalité. — 1791.

(2) Nous pensons que Douis alla occuper la cure de St-Martin-de-Cernières.

Letard fut nommé curé de St-Agnan-de-Cernières.

(3) Lehure, né le 5 mai 1771, était vicaire de Ste-Croix. En l'an II, il abdiqua et s'engagea dans les armées de la République.

(4) Désiré Le Mercier était âgé de 21 ans.

(5) Le Rapport du 3! décembre 1791 laisse croire que ces deux régents étaient encore en fonctions à cette date.

Des démarches sont faites pour la réouverture du Collège :

1791, 28 octobre. — Le Conseil général de Bernay réclame l'établissement au chef-lieu du district d'un Collège, d'une Bibliothèque publique où chaque citoyen pourra puiser les connaissances nécessaires dans les sciences auxquelles il voudra s'appliquer. Cette Bibliothèque serait formée au moyen des livres provenant des abbayes et couvents supprimés du Bec, du Parc, des Bénédictins, des Cordeliers et des Pénitents (1).

1792. — Un sieur Antoine-Dominique-Agathe Morin, maître de pension à Laigle, fils de Dominique Morin, « professeur « émérite et doyen de l'Université de Pa- « ris, procureur de la Nation de Norman- die fondé dans la dite Université », écrit qu'il désire mériter les suffrages du Maire et des administrateurs du Collège de Bernay, et remplir scrupuleusement leurs intentions pour tout ce qui concerne l'Education, à l'effet d'obtenir leur agrément tendant à être logé dans le Collège et jouir des prérogatives qui y sont attachées (2). Cette requête a un résultat négatif.

---

(1) Registre du district, f⁰ 35. (*Arch. départ*ˡᵉˢ)
(2) Correspondance au Maire de Bernay.

XII

Transformation du Collège.

(1793-1796)

Après être resté désert pendant quelque temps, le Collège est utilisé pour la tenue des Ecoles secondaires nationales organisées par la Société populaire, laquelle s'occupe particulièrement de l'instruction publique (1) :

An II, 5 ventôse. — La Société populaire forme dans son sein un Comité d'instruction publique chargé d'organiser l'éducation et d'enseigner aux jeunes citoyens.

12 ventôse. — La Société accepte le plan d'éducation dressé par le comité d'instruction publique et renvoie à la municipalité la demande d'un local.

21 ventôse. — Les citoyens Viot, Dou-

---

(1) 1792, 1er juillet. La Société, ayant déclaré ses séances publiques, appelle à ses lectures les citoyens des deux sexes, convaincue qu'il est de l'intérêt public que les mères de famille chargées de l'éducation de leurs enfants, soient instruites des lois, pour apprendre à ces jeunes cœurs à s'y soumettre et leur inculquer de bonne heure le véritable amour de la patrie, qui les porte à préférer à tout ce qui peut intéresser la chose publique.

1793, 4 août. A l'occasion de la fête du 10, un citoyen de Paris propose à la Société de décerner une couronne civique à celui ou celle des enfants qui récitera le plus correctement les Droits de l'homme et l'Acte constitutionnel.....

nant et Mutel (Deshayes absent), composant le comité d'instruction publique gratuite, se présentent au conseil général de la commune pour prêter le serment civique. — Il est arrêté que, le lendemain, il sera fait une proclamation pour avertir les pères et mères et tuteurs qu'ils peuvent envoyer leurs enfants le tridi s'inscrire sur un registre qui sera ouveit à cet effet à la municipalité, afin de se présenter à la maison d'éducation le quartidi...

— Le citoyen Viot (1) représente qu'il désirerait avoir un logement dans la maison d'éducatlon, connue sous le nom de ci-devant Collège ; il est autorisé à s'établir dans une des chambres de la dite maison. — Les instituteurs sus-nommés ayant représenté que les sciences qu'ils se proposent d'apprendre, qui sont : les éléments de la langue nationale, les mathématiques, la géographie et le dessin, exigeraient que leurs élèves sussent lire et écrire, ces instituteurs sont autorisés à ne recevoir que les enfants qui auront déjà le préliminaire de l'éducation (2).

Nous pensons que ces quatre institu-

---

(1) Viot, Louis, ci-dev^t prêtre de la Couture.

(2) Sur l'appel fait, le même jour, à toutes les personnes désirant se dévouer à l'éducation des enfants de la première jeunesse, sept écoles primaires pour les garçons et une pour les filles, sont ouvertes le 21 germinal suivant. — Le 6 floréal, ouverture de deux autres écoles primaires de filles.

teurs établirent tous leurs classes dans le ci-devant Collège.

13 germinal. — Sur sa demande, le citoyen Deshayes (1) est autorisé par la municipalité à donner des leçons à tous les citoyens dans des séances publiques.

20 germinal. — Mutel fait un discours sur l'Éducation publique (2).

25 floréal. — Les élèves des écoles secondaires font l'acquisition des bustes de Brutus, Marat, Lepelletier et Chalier.

10 prairial. — Deshayes et Viot ne sont plus à leur poste d'instituteurs (3), ils ne sont pas remplacés.

12 thermidor. — Les jeunes gens fréquentant les écoles secondaires gratuites de la commune se présentent à la barre du conseil général pour donner lecture d'une adresse par eux faite aux jeunes élèves du camp de Mars, sur la conduite courageuse qu'ils ont tenue relativement à la dernière conspiration qui a mis la liberté et la Convention en danger ; cette lecture est applaudie.

An III, 20 nivôse. — La Société popu-

---

(1) Deshayes, Jean-François, ci-devant prêtre habitué de la Couture.

(2) Mutel père, littérateur, a laissé deux recueils de *Poésies diverses* où figure ce discours sur l'Education publique.

(3) Deshayes et Viot sont envoyés par le district à l'Ecole normale de Paris. — Voir la notice sur Viot, l'instituteur-poëte, publiée dans le *Journal de Pont-Audemer*, en 1885, par H. Turpin.

laire arrête que les dix jeunes gens qui se distingueront le plus par leur assiduité et leurs talents dans les écoles secondaires assisteront aux séances de la Société.

30 nivôse. — Sur le rapport du citoyen Mutel, instituteur de l'Ecole secondaire, il est arrêté que tous les élèves de l'Ecole seront admis aux séances jusqu'au premier ventôse ; alors il sera donné la liste des dix jeunes gens qui se seront les plus distingués.

20 pluviôse. — Mutel présente à la Société plusieurs morceaux de dessin de ses élèves. Le président félicite les jeunes gens, présents à la séance, sur leurs talents et leurs progrès.

30 pluviôse. — La Société félicite les jeunes citoyens Cauchois, Hubert et Prétavoine, élèves de l'Ecole secondaire, pour différente morceaux de dessin par eux présentés.

Ventôse. — Trois instituteurs primaires sont installés dans l'ancien Collège (1). Ce détail indique que la situation de l'Ecole secondaire est loin d'être florissante sous le rapport du nombre des élèves.

10 ventôse. — Les élèves Bellache et Dubois sont félicités par la Société populaire, pour deux têtes dessinées au crayon et trouvées bien faites.

20 ventôse. — Le jeune Hubert reçoit

---

(1) *Les Petites Ecoles et la Révolution dans les districts de Bernay et de Louviers*, par E. Veuclin; 1885, p. 24.

des félicitations et des encouragements pour un ouvrage de dessin par lui fait.

30 ventôse. — Le même présente à la Société un morceau de dessin. Ce tableau est admiré et applaudi.

Une étude d'un autre genre est cultivée à l'Ecole secondaire :

5 germinal. — Le citoyen Donnant (1), informe la Société populaire que ses élèves se disposent à représenter devant elle une pièce de comédie intitulée : *La parfaite Egalité*. La Société reçoit cette offre avec empressement et ordonne des mesures pour préparer cette représentation.

7 germinal. — Représentation de la comédie précitée (2).

30 germinal. — Guillaume Dubois, jeune élève de l'Ecole secondaire, présente à la Société deux morceaux de dessin de son travail. Il est généralement félicité et le président lui donne l'accolade fraternelle.

8 floréal. — Seconde représentation.

10 floréal, — Troisième représentation.

11 floréal. — Quatrième et dernière représentation donnée par les élèves (3).

____

(1) Donnant, Toussaint-Antoine, 24 ans, originaire de Dreux.

(2) Notre étude historique sur le *Théâtre à Bernay au XVIII° siècle*, contient, pages 28-31, des détails sur ces représentations scolaires.

(3) Nous voyons dans ces représentations un souvenir de celles qui avaient lieu autrefois dans les collèges ecclésiastiques. A ce sujet,

Les deux instituteurs sont remerciés des peines et soins qu'ils prennent chaque jour à *l'instruction* de leurs élèves.

Pcu après cette date a lieu la dissolution de la Société populaire ; du même coup tombe l'Ecole secondaire nationale.

Un an plus tard, le 27 prairial an IV, « la maison nommée le Collège, appartetenant à la fabrique », est vendue, comme bien national, moyennant la somme de 9,000 francs, à un particulier (1).

XIII

Seconde transformation et abandon du Collège.

(1799-1803)

Pendant les luttes scolaires, entre l'ancien et le nouveau régime, qui marquent les ans IV, V et VI, la ville de Bernay est privée, ostensiblement du moins, de maison d'instruction secondaire.

Ce n'est que plus tard, en germinal an VII, qu'un citoyen Dupuis (2), patronné par la municipalité, ouvre, en son domi-

---

signalons une rarissime pièce, trouvée par nous, intitulée : « LE CHASTE HIPPOLYTE, *Ballet* « *allégorique pour la Tragédie de Nicétas, ou le* « *Triomphe de la Foy et de la Virginité, sera re-* « *présenté au Collège et Sèminaire de Lisieux, le* « *... de Juillet 1681.* »

(1) Arch. de Bernay et dép. — Biens nation.

(2) Originaire d'Evreux, ex-prêtre, Dupuis, Jacques-Henry, était instituteur à Paris avant la Révolution ; il habitait Bernay en 1792.

cile, rue du Commerce (1), un Pensionnat qui y subsiste jusqu'en l'an XII ; or, nous pensons que ce furent les locaux de l'ancien Collège, loués par Dupuis, qui lui servirent pour son École secondaire.

Cette Ecole a du succès et, en l'an XI, l'administration municipale obtient du gouvernement, par un arrêté du 28 fructidor an XI, la concession d'une partie de la ci-devant Abbaye (2) pour y établir, sur un plan plus vaste, l'École secondaire de Dupuis, auquel s'associe un sieur Bautier (3).

Le prospectus de cet établissement, à nouveau transformé, est un très rare et curieux document ; en voici le texte (4) :

---

(1) La Rue du Commerce était l'aucienne Rue aux Juifs.

(2) C'était, cr jous-nous, l'ancienne maison de l'abbé, laquelle se trouvait isolée et libre.

(3) Nous pensons que ce personnage est Jean-Baptiste Bautier, épicier, qui en l'an II, âgé de 20 ans, s'engagea comme volontaire pour défendre la Patrie envahie.

(4) Imprimé in-4°. de 4 pages. — Collection de l'auteur.

PROSPECTUS

Les C.ens BAUTIER, ex-Officier du génie ;
et DUPUIS, Instituteur à Bernay,
A LEURS CONCITOYENS.

Citoyens,

Le plus grand bienfait que la Nation française puisse recevoir du Gouvernement qui la régit, c'est l'instruction. Elle assure la gloire des États et le bonheur des Citoyens : sans elle l'homme n'est capable ni d'administrer les affaires publiques, ni de régler les siennes propres. L'instruction est donc indispensable ; elle est nécessaire à tous. Elle est nécessaire au riche ; elle lui apprend à faire un noble emploi de ses biens : elle est nécessaire à celui qui vit dans la médiocrité ; elle adoucit les rigueurs de son sort : avec elle, l'homme sait se suffire à lui-même.

Depuis que, par leur vétusté, les anciennes institutions se sont écroulées, les Législateurs français n'ont cessé de méditer sur les moyens de récréer l'instruction, et de l'établir sur des bases solides : il n'est peut-être point d'objet qui ait plus occupé leurs pensées.

Eclairé par le flambeau de l'expérience, le Gouvernement français vient enfin de remplir nos vœux. Secondé par les lumières des Savans dont il s'est entouré, il a fixé les dégrés de l'Instruction de telle sorte qu'elle puisse être repandue avec succès et en proportion des besoins de chacune des classes de la société.

(Loi du 11 Floréal an X.) » Des Ecoles primai-
» res seront établies sur chaque point du terri-

» toire de la République, et procureront aux
» jeunes citoyens les connaissances indispensa-
» blement nécessaires à tous les hommes : la
» lecture. l'écriture et le calcul.

» Des écoles communales seront placées au
» second dégré. C'est dans ces écoles que les
» jeunes élèves, puisant la connaissance de la
» langue française, des langues anciennes, de
» l'histoire, des mathématiques et de la géo-
» graphie, seront préparés à parcourir la car-
» rière de quelques sciences plus relevées.

» De ces écoles seront tirés les élèves qui
» peupleront les Lycées ». Grande et sublime
institntion, qui, en développant les germes de
la première instruction, disposera les élèves à
recueillir, dans des écoles spéciales, les sciences éminentes dont la connaissance doit donner
accès aux emplois les plus distingués dans l'ordre social.

La ville de Bernay possédait un ancien collége qui a procuré des avantages importans ; elle
peut donc, à juste titre, espérer de voir se for-
mer dans son sein une école communale, dans
laquelle sera placé le second dégré de l'instruction publique. Le plus grand bienfait de cette
institution est que les élèves qui auront fréquenté cette école seront admis à concourir
aux places gratuites que le Gouvernement a
fondées dans les Lycées ; récompense qui inté-
resse à la fois les élèves, les parens et les maîtres.

Cette considération puissante a déterminé
les premières Autorités de la ville de Bernay à
solliciter vivement un établissement de cette
nature.

Les Membres qui composent ces Autorités
sentent trop le prix de l'instruction qu'ils ont
eux-mêmes recueillie, pour avoir négligé l'occasion d'obtenir, pour l'arrondissement communal, cet avantage précieux. Ils ont, pour le
succès de cette entreprise, placé leur confiance
dans des pères de famille qui offrent, pour ga-

rant de leur zèle, l'exercice qu'ils ont déjà fait de cette utile et pénible fonction.

Ces Instituteurs placés sous la surveillance des Autorités aidés des conseils de ceux qui s'intéressent aux progrès des lumières, favorisés par les nouvelles méthodes qui ont simplifié et perfectionné chaque partie des sciences qu'ils se proposent d'enseigner, osent se promettre d'obtenir quelque succès.

Sous ces auspices, ils font un appel solemnel à leurs Concitoyens pour la formation d'un établissement dont l'avantage ne manquera pas d'être senti.

Les objets d'enseignement dont on s'occupera dans cette école suffiront pour prouver son importance.

Objets d'enseignement.

Lectures raisonnées de morale et d'histoire ;
Ecriture et démonstration de ses principes ;
Langue française ;
Langue latine.

L'enseignement des Mathématiques comprendra les calculs, avec leur application à toutes les opérations commerciales ;
Les élémens d'Algèbre, de Géométrie, avec l'application de la pratique à la théorie, pour lever les plans, les cartes, et faire le nivellement des terrains ;
La Géographie et la Cosmographie, avec les problèmes de navigation et d'astronomie.
Elémens d'histoire, tant ancienne que moderne.

Les jeunes élèves trouveront des maîtres de dessin, de musique, de danse ; mais ces maîtres seront aux frais des parens.

Le Pensionnat se tient provisoirement en la maison du citoyen Dupuis, rue du Commerce, à Bernay.

Cette école tiendra dans le local de l'Abbaye,

et ouvrira le 2 Vendémiaire, an XI de la République (1).

Malgré la date indiquée par ce prospectus, les locaux de l'ancien Collège servent pendant encore une année à la tenue de l'Ecole secondaire communale dirigée par les citoyens Bautier et Dupuis :

An XII, 12 vendémiaire. — En présence des grands frais de réparations que demande le local dépendant de la maison des ci-devant Bénédictins, concédé pour y établir l'Ecole secondaire, le conseil municipal demande, en échange, la portion invendue du couvent des ci-devant religieuses de la Comté (2).

An XII, 25 prairial. — Par décret du dit jour, le Gouvernement, accédant à la demande précité, rapporte l'arrêté de l'an XI, et accorde à la ville de Bernay la portion invendue du ci-devant couvent de la Comté.

De ce jour finit donc l'histoire de l'ancien Collège de Bernay, dont nous venons d'esquisser les phases très mouvementées et intéressantes de sa courte existence.

---

(1) *A Bernay*, de l'Imp. de PHILIPPE-LALONDE l'aîné, rue du Commerce.

(2) Ce couvent, fondé vers 1640, fut occupé, jusqu'en 1791, par des Augustines qui donnaient gratuitement l'instruction primaire aux jeunes filles.

QUELQUES MOTS

SUR LE

COLLÈGE ACTUEL

D'abord établi sous le titre d'Ecole secondaire communale, le Collège actuel fondé de fait en l'an XI, fut, l'année suivante, installé dans le local qu'il a toujours occupé depuis.

Voici la liste des Directeurs successifs de notre jeune Collège :

1803-1805. — Dupuis, lequel laisse l'Ecole secondaire dans une déplorable désorganisation (1).

1806-1810. — J.-B. Forget (2), lequel,

---

(1) Délibération municipale du 12 juin 1806. — Dupuis retourna à Evreux et y établit un Pensionnat où allèrent plusieurs élèves de Bernay, notamment les jeunes Assegond et Graffin. Marié dans le pays, Dupuis revint mourir à Hecmanville.

(2) Premiers régents de l'Ecole secondaire : — Forget, professeur de 2ᵉ, 3ᵉ, 4ᵉ et Réthorique ; — Charles Pelvilain-Desjardins, prêtre, professʳ de 5ᵉ et de mathématiques. Né à Livet-en-Ouche en 1750, il avait professé la philosophie pendant 4 ans au collège de Lisieux, 4 autres années au collège de Chaumont-en-Bassigny ; curé de St-Aubin-des-Hayes, instituteur primaire en l'an II, puis Juge de paix, cet érudit ecclésiastique était encore, en 1814, professeur au Collège de Bernay ; — André Deschamps, profʳ de 6ᵉ et 7ᵉ. En 1791, il était organiste de la Couture et tenait les Petites Ecoles de la paroisse ; instituteur primaire en l'an II, il était chargé d'apprendre la musique ; en l'an III, il

après de brillants succès (1), compléte la décadence de l'Ecole secondaire (2). — Au 20 avril 1810, il y a 80 élèves.

1810-1826. — Prévost-Pattey, directeur de Pensionnat à Barc (3). — En 1811, 206 élèves fréquentent l'Ecole secondaire.

---

fut envoyé par le district à l'Ecole normale de Paris. — Maître de dessin : Descours, peintre distingué. — Maître de musique : Toscan, directeur, depuis l'an II, d'une société d'amateurs de musique.

(1) Les *Ephémérides* départementales, de 1806 et 1807, contiennent d'intéressants détails sur notre Ecole secondaire : Programme des études; Progrès de l'Ecole ; Visite du préfet, le 19 mars 1807 ; il y a plus de 100 élèves.

(2) Délibération municipale du 24 août 1810. Une des causes du peu de prospérité de l'Ecole secondaire est due aux abus existant à l'Ecole primaire, établie dans le même local et dans laquelle un instituteur, Neuville, donne jusqu'en 1809, des leçons de latinité. Le 25 juin 1810, Lepernay-Jouenne, libraire à Alençon et professeur à l'Ecole secondaire de cette ville, s'était offert pour relever celle de Bernay. — Nous possédons deux recueils de poésies de Lepernay, qui avait pour oncle, à Bernay, M. Rabault, marchand de toiles.

[3] Prévost-Pattey, Jean-Pierre, dirigeait depuis 9 ans l'importante école de Barc, fondée, avant la Révolution, par Antoine Desfriches ; il y enseignait les mathématiques et avait une quarantaine de pensionnaires qui, pour la plupart, le suivirent à Bernay. La ville lui donnait un traitement de 2,000 francs. Jusqu'en 1838, Hélène Pattey, veuve Prévost, eut un logement au Collège, en mémoire des services rendus par son mari à cet établissement.

1826-1828. — Nicolas.

1828-1833. — Mercier, Narcisse-Joseph, officier de l'Académie d'Angers. — Son désaccord avec ses trois régents nécessite le déplacement de cet homme de valeur.

1833. — Pasquier, lequel ayant refusé le principalat, est provisoirement remplacé par Feugueur (1).

1833-1841. — Bréard, Louis-François, du collège du Havre. Il relève notre collège (2).

1841-1846. — Morin, sous-principal du collège de Guéret.

1846-1848. — Champion. — A cause de l'état de décadence sans cesse croissant du Collège, la municipalité demande le remplacement du principal et propose le sieur Sylvestre, instituteur communal à

---

[1] 1833, 11 septembre. — Par une lettre datée de Sorbonne, l'abbé Gacher, chargé d'un cours d'écriture sainte, offre ses services, pour le principalat vacant du Collège. — A. Bonnaire, maître de pension à Château-Thierry, auteur d'ouvrages scolaires, fait de nombreuses démarches pour obtenir la direction du Collège. — 3 mai. Projet d'établir des cours publics pour l'instruction des ouvriers Les fonctionnaires du Collège offrent au maire leurs services.

[2] Le 29 juillet 1834, Jean-François Ratel, littérateur et dessinateur de talent, demande une place de régent au Collège ; il est d'abord chargé du cours élémentaire ; régent de 5e en 1836. Les poésies de Ratel ont été publiées, il y a quelques années, par M. Assegond et par la Société libre de l'Eure, section de Bernay.

Beuzeville, qui n'est pas accepté.

1848-1858. — E. Caron.

1858-1859. — Lair, installé le 9 mai.

1859-1860. — Roger.

1860. — Ménier.

1861-1866. — J. Colin.

1866-1871. — L. Boucheron.

1872-1876. — Louvel.

1877-1881. — L. François, sous-principal du collège de Dieppe.

1881-1883. — Colas.

1883. — Coquerel, principal du collège de Domfront, principal actuel.

Il nous est agréable de constater qu'à l'heure présente, la prospérité du Collège communal de Bernay s'élève à un niveau qu'elle n'avait jamais atteint depuis 1811 : plus de 200 elèves, dont 95 internes, suivent les cours donnés avec succès par quatorze professeurs distingués.

Réfutation d'erreurs historiques.

Dans son incomparable et stupéfiante
" Histoire de Bernay " M' A. Goujon
montre un de ses nombreux chefs-d'œuvre en faisant, dans 26 lignes, l'historique de l'ancien et du nouveau Coll ge de
Bernay.

Mais le glorieux lauréat (sans rapport !)
a encore, sur le sujet que nous venons
d'ébaucher, commis, daus quatre lignes,
quatre erreurs graves qu'il est fâcheux de
voir, avec quantité d'autres, dans un ouvrage couronné et dont l'auteur a annon-
cé, dans un journal, la mise en vente « au
rabais », d'une seconde édition (1),

Aux pages 209-210 de son livre, se li-
sant vite et sans lunettes, M. Goujon se
trompe donc à nouveau lorsqu'il dit que :

« Le Collège Asse fonctionna jusqu'à
« 1789, époque à laquelle il fut remplacé
« par le collège actuel. »

Il y a là une double erreur. Nous avons
la preuve que le collège Asse fonction-

---

(1) Cette seconde édition est aussi invisible
que : la porte romane de l'église de St-Léger;
les fenêtres ogivales du réfectoire des bénédictins ; l'étang de la rue du Pont-Ravet ; l'archi-
prêtre de Beaumesnil ; la vallée des Bruges, à
Corneville; le clocher en charpente de l'église
de Broglie ; la « colombe aux ailes déployées »
dans le blason des sires de la Ferté-Fresnel; le
« pilier » donné en 1489 à l'église du dit lieu,
etc, etc., que M. Goujon a découverts on ne sait
par quel prodige de clairvoyance unique.

naît encore au 29 juillet **1791,** et qu'il fut remplacé, en l'an VII seulement, par une école secondaire privée qui ne devint communale qu'en l'an XI.

— L'auteur couronné sans rapport se trompe une fois de plus quand il ajoute :

« La Révolution transforma en collège « municipal le vaste bâtiment que les Au-« gustines avaient fait bâtir. »

Là aussi double erreur : Ce fut Napoléon 1er qui, en l'an XII (14 juin 1804), accorda à la ville une *partie* de l'ancien couvent des Augustines, partie dont elle prit officiellement possession le 20 juin 1811.

M. Goujon, dans la troisième édition de sa fameuse " Histoire de Bernay ", saura, avec les rares aptitudes d'historien et d'archéologue qui le distinguent entre tous, mettre à profit nos nouvelles et importantes rectifications ; il saura compléter et rendre parfaite cette modeste notice.

E. VEUCLIN.

E. VEUCLIN, imprimeur à Bernay, — 1886.

1884. — **Petit Bouquet de Fleurs historiques sur la Maison de Broglie.**

1884. — La Ruine de l'Abbaye de Saint-Evroult. (A. N.)

1885. — Le Théâtre à Bernay, au XVIIIᵉ siècle.

1885. — La France en 1789. — Cahiers du Tiers-Etat de la ville de Bernay.

1885. — Les Petites Ecoles et la Révolution (1789-99) dans les districts de Bernay et Louviers.

1885. — Saint Taurin et la Coudre de Saint-Aubin-de-Gisai.

1885. — L'Eglise Sainte-Croix de Bernay. (Histoire de)

1886. — L'ancien Collège de la Ville de Bernay.

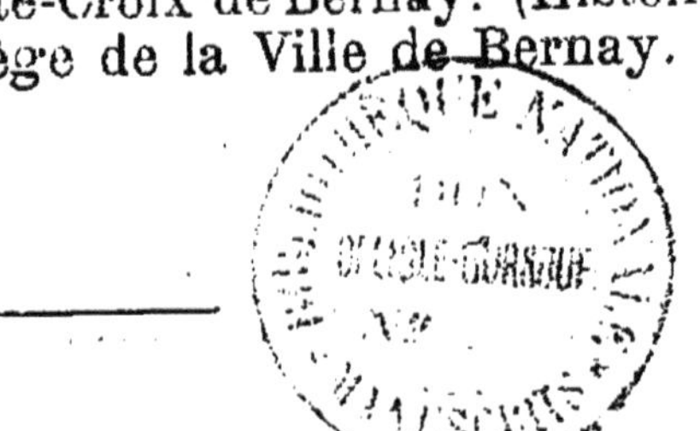

www.ingramcontent.com/pod-product-compliance
Ingram Content Group UK Ltd.
Pitfield, Milton Keynes, MK11 3LW, UK
UKHW020956120726
13693UKWH00004B/1714